O QUE SE VÊ

E O QUE NÃO SE VÊ

Frédéric Bastiat

1849

Sumário

INTRODUÇÃO

No campo da economia, um ato, um hábito, uma instituição, uma lei, dá nascimento não apenas a um efeito, mas a uma série de efeitos. Destes efeitos, apenas o primeiro é imediato; ele se manifesta simultaneamente com sua causa — é o que se vê. Os outros se desdobram em sucessão — eles são o que não se vê: é bom para nós se eles forem previstos. Entre um bom e um mau economista isso constitui toda diferença — um leva em conta apenas o efeito visível; o outro leva em conta os efeitos visíveis e também aqueles efeitos que são necessários prever. Agora essa diferença é enorme, pois na maioria das vezes quando a consequência imediata é favorável, as últimas consequências são fatais e inversamente. Consequentemente um mau economista persegue um presente curto e bom, que se sucederá por um grande mal a vir, enquanto o verdadeiro economista persegue um grande bem a vir, — ao risco de um pequeno mal presente.

De fato é o mesmo na ciência da saúde, arte e moral. Comumente acontece que o quão doce o primeiro fruto de um hábito é, mais amargo serão suas consequências. Tome como exemplo a devassidão, ociosidade ou prodigalidade. Portanto quando um homem absorto no efeito que é visto ainda não aprendeu a discernir aqueles efeitos que não são vistos, ele dá passagem para hábitos fatais, não apenas por inclinação, mas por cálculos.

Isto explica a condição fatalmente grave da humanidade. A ignorância circunda seu berço: então suas ações são determinadas pelas primeiras consequências, as únicas que no primeiro momento são vistas. É apenas no longo prazo que se aprende a levar em conta os outros. Aprende-se essa lição de dois mestres bem diferentes — a Experiência e a Previsão. A Experiência ensina eficazmente mas brutalmente. Nos familiariza com todos os efeitos de uma ação, por fazer-nos senti-las e não podemos falhar por terminar sem saber que o fogo queima, se nós tivermos nos queimado. Por este professor duro, eu devo se possível, substituí-lo por um mais gentil. Eu digo a Previsão. Para este propósito eu devo examinar as consequências de um certo fenômeno econômico ao colocar em oposição para cada um, aquilo que se vê e aquilo que não se vê.

A Janela Quebrada

Você alguma vez já presenciou a raiva do bom vendedor James B., quando seu filho descuidado quebra um pedaço da janela de vidro? Se você estivesse neste cenário, você testemunharia o fato de que cada um dos espectadores que lá estavam, em unanimidade ofereceriam ao dono infortunado essa consolação: — "Há males que vêm para o bem. Todos vão viver e o que seria dos vidraceiros se painéis de vidros nunca fossem quebrados?"

Agora, essa forma de condolência contém uma teoria inteira, que será melhor ao ser demonstrada neste caso simples, visto que é precisamente o mesmo que, infelizmente, regula a maior parte de nossas instituições econômicas.

Suponha que custe seis francos para reparar o dano e você diga que o acidente trouxe seis francos para o negócio do vidraceiro — que incentiva esse comércio ao montante de seis francos — concedo-o; Não tenho uma palavra a dizer contra isso; Você raciocina justamente. O vidraceiro chega, realiza sua tarefa, recebe seus seis francos, esfrega as mãos e, em seu coração, abençoa a criança descuidada. Tudo isso é aquilo que é visto.

Mas se, por outro lado, você chegar à conclusão, como é frequentemente o caso, de que é bom quebrar janelas, que isso faz circular dinheiro e que o incentivo da indústria em geral será o resultado disso, você me obrigará a dizer: "Pare aí! sua teoria está confinada àquilo que é visto; não leva em conta aquilo que não é visto".

Não se vê que, como nosso lojista gastou seis francos em uma coisa, ele não pode gastá-los em outra. Não se vê que, se ele não tivesse uma janela para substituir, talvez tivesse substituído seus sapatos velhos ou adicionado outro livro à sua biblioteca. Em suma, ele teria empregado seus seis francos de alguma forma, o que esse acidente evitou.

Vamos ter uma visão da indústria em geral, afetada por essa circunstância. A janela sendo quebrada, o comércio do vidraceiro é incentivado para a quantia de seis francos; isso é aquilo que é visto. Se a janela não tivesse sido quebrada, o comércio do sapateiro (ou algum outro) teria sido incentivado no valor de seis francos; isso é aquilo que não é visto.

E se o que não é visto é levado em consideração, porque é um fato negativo, assim como aquilo que é visto, porque é um fato positivo, será entendido que nem a indústria em geral, nem a soma total do trabalho nacional, é afetada, se as janelas estão quebradas ou não.

Agora vamos considerar o próprio James B. Na primeira suposição, de que a janela está quebrada, ele gasta seis francos e não tem nem mais nem menos do que antes, apenas uma janela.

No segundo, onde supomos que a janela não foi quebrada, ele teria gasto seis francos em sapatos e ao mesmo tempo tido a satisfação de ter um par de sapatos e uma janela.

Agora, como James B. faz parte da sociedade, devemos chegar à conclusão de que, tomando-a completamente e fazendo uma estimativa de suas satisfações e seus trabalhos, esta sociedade perdeu o valor da janela quebrada.

Quando chegamos a essa conclusão inesperada: "A sociedade perde o valor das coisas que são inutilmente destruídas"; e devemos concordar com uma máxima que fará com que o cabelo dos protecionistas fique em pé — Quebrar, estragar, desperdiçar, não é encorajar o trabalho nacional; ou, mais brevemente, "destruição não é lucro".

O que você dirá, Monsieur — o que vocês dirão, discípulos do bom M. F. Chamans, que calculou com tanta precisão quanto o comércio ganharia com a queima de Paris, do número de casas que seria necessário reconstruir?

Lamento perturbar esses cálculos engenhosos, na medida em que seu espírito foi introduzido em nossa legislação; mas peço-lhe que comece de novo, levando em conta o que não é visto, e colocando-o ao lado do que é visto. O leitor deve ter o cuidado de lembrar que não há apenas duas pessoas, mas três interessadas na pequena cena a que submeto sua atenção. Um deles, James B., representa o consumidor, reduzido por um ato de destruição, a um prazer em vez de dois. Outra sob o título de vidraceiro, nos mostra o produtor, cujo comércio é incentivado pelo acidente. O terceiro é o sapateiro (ou algum outro comerciante), cujo trabalho sofre proporcionalmente pela mesma causa. É essa terceira pessoa que é sempre mantida à sombra e que, personificando aquilo que não é visto, é um elemento necessário do problema. É ele quem nos mostra como é absurdo pensar que vemos um lucro em um ato de destruição. É ele que logo nos ensinará que não é menos absurdo ver um lucro em uma restrição, que é, afinal de contas, nada mais que uma destruição parcial. Portanto, se você só vai para a raiz de todos os argumentos que são aduzidos em seu favor, tudo o que você encontrará será a paráfrase desse ditado vulgar — O que aconteceria com os vidraceiros, se ninguém quebrasse as janelas?

A Dispersão das Tropas

É o mesmo com um povo como é com um homem. Se deseja dar-se algum presente, naturalmente considera se vale a pena o que custa. Para uma nação, a segurança é a maior das vantagens. Se, para obtê-la, é necessário ter um exército de cem mil soldados, não tenho nada a dizer contra isso. É um prazer comprado por um sacrifício. Deixe-me não ser mal entendido sobre a extensão da minha posição. Um membro da assembleia propõe dispersar cem mil soldados, a fim de aliviar cem milhões de pagadores de impostos.

Se nos limitarmos a essa resposta — "Os cem milhões de pagadores de impostos e estes cem milhões de dinheiro são indispensáveis à segurança nacional: é um sacrifício; mas sem esse sacrifício, a França seria dilacerada por facções ou invadida por algum "poder estrangeiro," — Eu não tenho nada a objetar a este argumento, que pode ser verdadeiro ou falso de fato, mas que teoricamente não contém nada que milite contra a economia. O erro começa quando se diz que o sacrifício é uma vantagem porque beneficia alguém.

Posso até estar errado se no momento em que o autor da proposta senta-se e algum orador não se levante e diz — "Dispense cem mil soldados! Você sabe o que está dizendo? O que será deles? Onde Eles vão ganhar a vida? Você não sabe que o trabalho é escasso em todos os lugares? Que todos os campos estão sobrecarregados? Você os dispensaria para aumentar a concorrência e impactar na redução dos salários? Logo agora que é difícil sobreviver, seria uma coisa bonita se o Estado tivesse que encontrar pão para cem mil pessoas? Considere, além disso, que o exército consome vinho, roupas, armas — que promove a atividade de manufaturas em cidades guarnecidas — que é, em suma, o envio sagrado de inumeráveis pagadores de impostos. Ora, qualquer um deve tremer com a idéia de acabar com este imenso movimento industrial".

Esse discurso, é evidente, conclui destinando a manutenção de cem mil soldados, por razões retiradas da necessidade do serviço e de considerações econômicas. São apenas essas considerações que tenho que refutar.

Cem mil soldados custando aos pagadores de impostos cem milhões de dinheiro, vivem e trazem para os fornecedores tanto quanto cem milhões podem suprir. Isto é aquilo que é visto.

Mas, uma centena de milhões retirados dos bolsos dos pagadores de impostos, deixam de manter esses pagadores de impostos e os fornecedores, o tanto que cem lacaios podem prover. Isso é aquilo que não é visto. Agora faça seus cálculos. Acalme-se e diga-me que lucro existe para as massas?

Eu lhe direi onde está a perda; e para simplificá-lo, em vez de falar de cem mil soldados e um milhão de dinheiro, será de um homem e de mil francos.

Vamos supor que estamos na aldeia de A. Os sargentos de recrutamento andam por aí e tiram um homem. Os coletores de impostos vão por aí e tiram mil francos. O homem e a soma de dinheiro são levados para Metz, e este último está destinado a apoiar o primeiro por um ano sem fazer nada. Se você considera Metz apenas, você está certo; a medida é muito vantajosa: mas se você olhar para a aldeia de A, julgará de maneira muito diferente; pois, a menos que você seja realmente cego, verá que aquela aldeia perdeu um trabalhador e os mil francos que remunerariam seu trabalho, bem como a atividade que, pelo gasto daqueles mil francos, se espalharia em torno dele.

À primeira vista, parece haver alguma compensação. O que aconteceu na aldeia agora acontece em Metz, isso é tudo. Mas a perda deve ser estimada da seguinte maneira: — Na aldeia, um homem cavou e trabalhou; ele era um trabalhador. Em Metz, ele vira para a direita e para a esquerda; ele é um soldado. O dinheiro e a circulação são os mesmos em ambos os casos; mas naquele houve trezentos dias de trabalho produtivo; no outro, há trezentos dias de trabalho improdutivo, supondo, é claro, que uma parte do exército não é indispensável à segurança pública.

Agora, suponha que a dispersão ocorra. Você me diz que haverá um excedente de cem mil trabalhadores, que a competição será estimulada e reduzirá a taxa de salários. Isso é o que você vê.

Mas o que você não vê é que dispensar cem mil soldados não é acabar com um milhão de dinheiro, mas devolvê-lo aos pagadores de impostos. Você não vê que lançar cem mil trabalhadores no mercado é jogar no mesmo momento os cem milhões de dinheiro necessários para pagar o trabalho deles; que, consequentemente, o mesmo ato que aumenta a oferta de mãos aumenta também a demanda; do que se segue, que o seu medo de uma redução dos salários é infundado. Você não vê que, antes da dispersão e depois dela, haja no país cem milhões de dinheiro correspondentes aos cem mil homens. Que toda a diferença consiste nisso: antes da dispersão, o país dava os cem milhões aos cem mil soldados por não fazerem nada; e depois disso, lhes paga a mesma quantia por trabalhar. Você não vê, em suma, que quando um pagador de impostos dá seu dinheiro a um soldado em troca de nada, ou a um trabalhador em troca de algo, todas as conseqüências finais da circulação desse dinheiro são as mesmas nos dois casos; apenas, no segundo caso, o contribuinte recebe alguma coisa, no primeiro ele não recebe nada. O resultado é — uma perda mortal para a nação.

O sofisma que estou aqui combatendo não resistirá ao teste da progressão, que é a pedra fundamental dos princípios. Se, quando todas as compensações são feitas, e todos os interesses são satisfeitos, há um lucro nacional em aumentar o exército, por que não inscrever sob suas forças armadas toda a população masculina do país?

IMPOSTOS

Alguma vez você já ouviu dizer: "Não há melhor investimento do que impostos. Apenas veja o número de famílias que ele mantém e considere como ele reage à indústria; é um fluxo inesgotável, é a própria vida".

Para combater essa doutrina, devo me referir à minha refutação anterior. A economia política sabia muito bem que seus argumentos não eram tão divertidos a ponto de pedirem repetições. Tornou-se portanto, o provérbio em seu próprio uso, convencido de que, em sua boca, as repetições ensinam.

As vantagens que os funcionários públicos defendem são aquelas que são vistas. O benefício que se acumula para os provedores ainda é aquele que é visto. Isso cega todos os olhos.

Mas as desvantagens das quais os pagadores de impostos têm que se livrar são aquelas que não são vistas. E a lesão que resulta disso para os provedores, ainda é aquilo que não é visto, embora isso deva ser evidente.

Quando um funcionário público gasta para seu próprio lucro um extra de cem sous, isso implica que um pagador de impostos gasta para seu lucro cem sous menos. Mas o gasto do funcionário é visto, porque o ato é realizado, enquanto que o do pagador de imposto não é visto, porque, infelizmente! ele é impedido de realizá-lo.

Você compara a nação, talvez, a um território árido e o imposto a uma chuva fertilizante. Seja assim. Mas você também deve se perguntar onde estão as fontes dessa chuva e se não é o imposto em si que afasta a umidade do solo e a seca?

Novamente, você deveria se perguntar se é possível que o solo receba tanto dessa preciosa água pela chuva quanto perde por evaporação?

Há uma coisa muito certa, que quando James B. conta cem sous para o coletor de impostos, ele não recebe nada em troca. Depois, quando um funcionário público gasta estes cem sous e os devolve a James B., por valor igual de milho ou trabalho. O resultado final é uma perda para James B. de cinco francos.

É bem verdade que muitas vezes, talvez com muita frequência, o funcionário realiza para James um serviço equivalente. Neste caso, não há perda em nenhum dos lados; existe apenas uma troca. Portanto, meus argumentos não se aplicam a funcionários úteis. Tudo o que eu digo é: se você deseja criar um escritório, prove sua utilidade. Mostre que seu valor para James B., pelos serviços que realiza para ele, é igual ao que lhe custa. Mas, além desta utilidade intrínseca, não apresentem como argumento o benefício que ele confere ao funcionário, sua família e seus provedores; não afirme que isso estimula o trabalho.

Quando James B. dá cem pence a um oficial do governo, por um serviço realmente útil, é exatamente o mesmo de quando ele dá cem sous a um sapateiro por um par de sapatos.

Mas quando James dá cem sous a um oficial do governo, e não recebe nada para eles a menos que sejam aborrecimentos, ele também pode dar a eles um ladrão. É um absurdo dizer que o oficial do governo gastará estes cem sous para o grande lucro do trabalho nacional; o ladrão faria o mesmo; e também James B., se ele não tivesse sido parado na estrada pelo parasita extra-legal, nem pelo parasita legítimo.

Vamos nos acostumar, então, a evitar julgar as coisas pelo que é visto apenas, mas julgá-las por aquilo que não é visto.

No ano passado, estive no Comitê de Finanças, pois sob o eleitorado os membros da oposição não foram sistematicamente excluídos de todas as Comissões: em que o eleitorado agiu sabiamente. Ouvimos o senhor Thiers dizer: "Passei a minha vida opondo-me ao partido legitimista e ao partido dos sacerdotes. Desde que o perigo comum nos uniu, agora que os associo e os conheço, e agora que falamos para enfrentar, descobri que eles não são os monstros que eu costumava imaginá-los ".

Sim, a desconfiança é exagerada, o ódio é fomentado entre as pessoas que nunca se misturam; e se a maioria permitisse que a minoria estivesse presente nas Comissões, talvez se descobrisse que as idéias dos diferentes lados não estão tão distantes umas das outras e, acima de tudo, que suas intenções não são tão perversas quanto são supostas. No entanto, no ano passado eu estava no Comitê de Finanças. Toda vez que um dos nossos colegas falava em fixar de forma moderada a manutenção do Presidente da República, dos ministros e dos embaixadores, foi respondido:

"Para o bem do serviço, é necessário cercar certos ofícios com esplendor e dignidade, como um meio de atrair homens de mérito para eles. Um grande número de pessoas desafortunadas se oferecem ao Presidente da República, e isso o colocaria em uma posição muito dolorosa para obrigá-lo a estar constantemente recusando-os. Um certo estilo nos salões ministeriais é uma parte da máquina dos governos constitucionais."

Embora tais argumentos possam ser controvertidos, eles certamente merecem um exame sério. Eles são baseados no interesse público, seja corretamente estimado ou não; e, no que me diz respeito, tenho muito mais respeito por eles do que muitos dos nossos Catos, que são movidos por um espírito estreito de parcimônia ou de ciúme.

Mas o que revolta a parte econômica da minha consciência, e me faz corar pelos recursos intelectuais do meu país, é quando esta relíquia absurda do feudalismo é apresentada, o que é constantemente, e é favoravelmente recebida também:

"Além disso, o luxo dos grandes oficiais do governo encoraja as artes, a indústria e o trabalho. O chefe do Estado e seus ministros não podem dar banquetes e saraus sem fazer circular a vida por todas as veias do corpo social. Para reduzir seus meios, iria privar a indústria parisiense, e consequentemente a de toda a nação ".

Devo implorar a vocês, senhores, que prestem um pouco de atenção à aritmética, pelo menos; e para não dizer antes da Assembléia Nacional na França, que um acréscimo dá uma soma diferente, se é adicionado de baixo para cima, ou de cima para baixo da coluna.

Por exemplo, eu quero fazer um acordo com um drenador para fazer uma trincheira no meu campo por cem sous. Assim que concluímos nosso acordo, o coletor de impostos vem, leva meus cem sous e os envia ao Ministro do Interior; minha barganha está no fim, mas o ministro vai ter outro prato adicionado à sua mesa. Em que base você se atreveria a afirmar que essa despesa oficial ajuda a indústria nacional? Você não vê que nisso há apenas uma reversão de satisfação e trabalho? Um ministro tem sua mesa mais farta, é verdade, mas é igualmente verdade que um agricultor tem seu campo pior drenado. Um taverneiro parisiense ganhou cem sous, concedo-lhe; mas então você deve me conceder que um drenador foi impedido de ganhar cinco francos. Tudo vem a isto, que o funcionário e o dono da taverna estarem satisfeitos, é aquilo que é visto; o campo não drenado e o drenador privado de seu trabalho é aquilo que não é visto. Pobre de mim! Quanta dificuldade há em provar que dois e dois fazem quatro; e se você conseguir provar isso, diz-se, "a coisa é tão clara que é muito cansativa", e eles votam como se você não tivesse provado nada.

TEATROS E BELAS ARTES

O Estado deveria apoiar as artes?

Há certamente muito a ser dito em ambos os lados desta questão. Pode-se dizer, em favor do sistema de fornecimento de votos para este propósito, que as artes aumentam, elevam e harmonizam a alma de uma nação; que elas originam de uma absorção muito grande em ocupações materiais, encorajam nela o amor pelo belo e, assim, agem favoravelmente em suas maneiras, costumes, moral e até mesmo em sua indústria. Pode-se perguntar, o que seria da música na França sem seu teatro italiano e seu Conservatório; da arte dramática sem seu Teatro-Francês; da pintura e escultura, sem nossas coleções, galerias e museus? Poder-se-ia até perguntar se, sem centralização e consequentemente com o apoio das artes plásticas, seria desenvolvido um gosto requintado que é o nobre apêndice do trabalho francês e que introduz suas produções no mundo inteiro? Diante de tais resultados, não seria o auge da imprudência renunciar a essa modesta contribuição por todos os seus cidadãos, que, de fato, aos olhos da Europa, percebem sua superioridade e sua glória?

Para estas e muitas outras razões, cuja força não discuto, argumentos não menos forçados podem ser opostos. Pode-se, em primeiro lugar, dizer que há uma questão de justiça distributiva nela. O direito do legislador estende-se a abreviar os salários do artesão, para aumentar os lucros do artista? M. Lamartine disse: "Se você deixar de apoiar o teatro, onde você vai parar? Você não será necessariamente levado a retirar seu apoio de suas faculdades, seus museus, seus institutos e suas bibliotecas?" Pode ser respondido, se você deseja apoiar tudo o que é bom e útil, onde você vai parar? Você não será necessariamente levado a formar uma lista civil para agricultura, indústria, comércio, benevolência, educação? Então, é certo que o auxílio do governo favorece o progresso da arte?

Essa questão está longe de ser resolvida, e vemos muito bem que os teatros que prosperam são aqueles que dependem de seus próprios recursos. Além disso, se chegarmos a considerações mais elevadas, podemos observar que quereres e desejos surgem, um do outro, e se originam em regiões que são cada vez mais refinadas na medida em que a riqueza pública permite que sejam satisfeitas; esse governo não deveria participar dessa correspondência, porque numa determinada condição da fortuna presente, não poderia, por meio da tributação, estimular as artes da necessidade, sem verificar as do luxo, interrompendo, assim, o curso natural da civilização. Posso observar que essas transposições artificiais de desejos, gostos, trabalho e população colocam as pessoas em uma posição precária e perigosa, sem qualquer base sólida.

Essas são algumas das razões alegadas pelos adversários da intervenção do Estado no que diz respeito à ordem em que os cidadãos pensam que seus desejos e vontades devem ser satisfeitos, e aos quais, conseqüentemente, sua atividade deve ser direcionada. Sou, confesso, um daqueles que pensam que a escolha e o impulso devem vir de baixo e não de cima, do cidadão e não do legislador; e a doutrina oposta me parece tender à destruição da liberdade e da dignidade humana.

Mas, por uma dedução tão falsa quanto injusta, você sabe do que os economistas são acusados? É que, quando desaprovamos o apoio do governo, devemos desaprovar a coisa em si cujo apoio é discutido; e sermos os inimigos de todo tipo de atividade, porque desejamos ver essas atividades, de um lado, livres e, de outro, buscando a própria recompensa em si mesmas. Assim, se pensamos que o Estado não deve interferir pela tributação nos assuntos religiosos, somos ateus. Se pensamos que o Estado não deve interferir na tributação na educação, somos hostis ao conhecimento. Se dissermos que o Estado não deve, por tributação, dar um valor fictício à terra, ou a qualquer ramo específico da indústria, somos inimigos da propriedade e do trabalho. Se pensamos que o Estado não deve apoiar artistas, somos bárbaros que consideram as artes inúteis.

Contra essas conclusões, eu protesto com todas as minhas forças. Longe de alimentar a idéia absurda de acabar com a religião, a educação, a propriedade, o trabalho e as artes, quando dizemos que o Estado deveria proteger o livre desenvolvimento de todos esses tipos de atividade humana, sem ajudar alguns deles às custas de outros, pensamos, ao contrário, que todos esses poderes vivos da sociedade se desenvolveriam mais harmoniosamente sob a influência da liberdade; e que, sob tal influência, nenhum deles seria, como é agora o caso, uma fonte de problemas, de abusos, de tirania e desordem.

Nossos adversários consideram que uma atividade que não é auxiliada por suprimentos nem regulada pelo governo é uma atividade destruída. Nós pensamos exatamente o contrário. Sua fé está no legislador, não na humanidade; o nosso está na humanidade, não no legislador.

Assim, o Sr. Lamartine disse: "Sobre este princípio, devemos abolir as exposições públicas, que são a honra e a riqueza deste país". Mas eu diria ao Sr. Lamartine: — Segundo sua maneira de pensar, não apoiar é abolir; porque, partindo da máxima de que nada existe independentemente da vontade do Estado, você conclui que nada vive além do que o Estado faz para viver. Mas eu me oponho a essa afirmação exatamente o exemplo que você escolheu, e peço que você observe, que a mais grandiosa e nobre das exposições, uma que tenha sido concebida no espírito mais liberal e universal — e eu poderia até mesmo fazer uso do termo humanitária, pois não é exagero — é a exposição que se prepara agora em Londres; o único em que nenhum Governo está tomando parte, e que está sendo pago por nenhum imposto.

Voltando às artes plásticas: — repito, há muitos motivos fortes a serem trazidos, tanto a favor como contra o sistema de assistência governamental. O leitor deve ver que o objeto especial deste trabalho não me leva a explicar essas razões, nem a decidir em favor delas, nem contra elas.

Mas o Sr. Lamartine avançou um argumento que não posso passar em silêncio, pois está intimamente relacionado com este estudo econômico. "A questão econômica, no tocante aos teatros, está contida em uma palavra — trabalho. Pouco importa qual é a natureza desse trabalho; é tão fértil, tão produtivo quanto qualquer outro tipo de trabalho na nação. Os teatros na França, você sabe, alimentam e empregam não menos que 80.000 operários de diferentes tipos, pintores, pedreiros, decoradores, clientes, arquitetos, etc., que constituem a própria vida e movimento de várias partes desta capital, e por essa razão eles deveriam ter suas simpatias." Suas simpatias! digamos, sim, seu dinheiro.

E mais adiante ele diz: "Os prazeres de Paris são o trabalho e o consumo das províncias, e os luxos dos ricos são os salários e o pão de 200.000 operários de toda espécie, que vivem da indústria diversificada dos teatros na região e que recebem destes prazeres nobres, que tornam a França ilustre, o sustento de suas vidas e as necessidades de suas famílias e filhos. É para eles que você vai dar 60.000 francos." (Muito bem; muito bem. Grande aplauso.) De minha parte, sou obrigado a dizer: "Muito mal! Muito mal!" Limitando sua opinião, é claro, dentro dos limites da questão econômica que estamos discutindo.

Sim, é aos operários dos teatros que uma parte, pelo menos, desses 60 mil francos irá; alguns subornos, talvez, podem ser abstraídos no caminho. Talvez, se fôssemos examinar um pouco mais de perto o assunto, pudéssemos descobrir que o bolo tinha ido por outro caminho, e que esses operários eram afortunados por terem chegado para algumas migalhas. Mas permitirei, por uma questão de argumentação, que toda a quantia seja destinada aos pintores, decoradores e etc.

Isto é aquilo que é visto. Mas de onde vem isso? Esse é o outro lado da questão e tão importante quanto o primeiro. De onde vêm esses 60.000 francos? E para onde iriam se um voto do Legislativo não os dirigisse primeiro para a Rue Rivoli e daí para a Rue Grenelle? Isto é o que não é visto. Certamente, ninguém pensará em sustentar que o voto legislativo fez com que esse montante fosse criado em uma urna de votação; que é um acréscimo puro à riqueza nacional; que, para esse voto miraculoso, esses 60.000 francos teriam sido sempre invisíveis e impalpáveis. É preciso admitir que tudo o que a maioria pode fazer é decidir se eles serão levados de um lugar para outro; e se eles tomam uma direção, é somente porque foram desviados de outra.

Sendo este o caso, é claro que o contribuinte, que contribuiu com um franco, deixará de ter este franco à sua disposição. É claro que ele será privado de alguma gratificação para a quantia de um franco; e que o operário, quem quer que ele seja, que teria recebido dele, será privado de um benefício a essa quantia. Não sejamos, portanto, levados por uma ilusão infantil a acreditar que o voto dos 60.000 francos possa acrescentar qualquer coisa ao bem-estar do país e ao trabalho nacional. Desloca prazeres, transpõe salários — isso é tudo.

Será dito que, para um tipo de gratificação e um tipo de trabalho, substitui gratificações e trabalho mais urgentes, mais morais e mais razoáveis? Eu poderia contestar isso; Eu diria que, ao receber 60.000 francos dos pagadores de impostos, você diminui os salários dos trabalhadores, drenadores, carpinteiros, ferreiros e aumenta proporcionalmente aos cantores.

Não há nada que prove que esta última classe exija mais simpatia do que a primeira. M. Lamartine não diz que é assim. Ele mesmo diz que o trabalho dos teatros é tão fértil, tão produtivo quanto qualquer outro (não mais); e isso pode ser duvidado; pois a melhor prova de que o último não é tão fértil como o primeiro reside nisso, que o outro deve ser chamado para ajudá-lo.

Mas essa comparação entre o valor e o mérito intrínseco dos diferentes tipos de trabalho não faz parte do meu assunto atual. Tudo o que tenho a fazer aqui é mostrar que, se o Sr. Lamartine e as pessoas que elogiaram sua linha de argumentação viram, por um lado, os salários ganhos pelos provedores dos comediantes, deveriam, por outro lado, ter visto os salários perdidos. pelos provedores dos pagadores de impostos; por falta disso, eles se expuseram ao ridículo ao confundir um deslocamento por um ganho. Se eles fossem fiéis à sua doutrina, não haveria limites para suas demandas por ajuda do governo; pois o que é verdade de um franco e de 60.000 é verdade, em circunstâncias paralelas, de cem milhões de francos.

Quando impostos são objeto de discussão, senhores, vocês devem provar sua utilidade por razões a partir da raiz da questão, mas não por essa afirmação infeliz — "As despesas públicas apóiam as classes trabalhadoras". Essa afirmação oculta o fato importante de que as despesas públicas sempre substituem as despesas privadas e que, portanto, trazemos subsistência a um operário em vez de outro, mas nada acrescenta à parcela da classe trabalhadora como um todo. Seus argumentos estão na moda o suficiente, mas são absurdos demais para serem justificados por qualquer coisa como a razão.

OBRAS PÚBLICAS

Nada é mais natural do que uma nação, depois de ter se assegurado que um negócio beneficiará a comunidade, ele deve ser executado por meio de uma avaliação geral. Mas eu perco a paciência, confesso, quando ouço esse erro econômico em apoio a tal projeto. "Além disso, será um meio de criar trabalho para os trabalhadores".

O Estado abre uma estrada, constrói um palácio, endireita uma rua, corta um canal; e assim dá trabalho a certos operários — isto é o que se vê: mas priva certos outros operários de trabalho, e isto é o que não é visto.

A estrada é iniciada. Mil trabalhadores vêm todas as manhãs, saem todas as noites e recebem seus salários — isso é certo. Se a estrada não tivesse sido decretada, se os suprimentos não tivessem sido destinados, essas boas pessoas não teriam trabalho nem salário ali; isso também é certo.

Mas isso é tudo? a operação, como um todo, não contém outra coisa? No momento em que M. Dupin pronuncia as palavras enfáticas "A Assembléia adotou", os milhões caem milagrosamente sobre um raio lunar nos cofres de MM. Fould e Bineau? Para que a evolução possa ser completa, como se diz, o Estado não deve organizar as receitas e os gastos? não deve definir seus coletores de impostos e contribuintes para trabalhar, os primeiros a se reunirem e os segundos a pagar? Estude a questão, agora, em ambos os seus elementos. Enquanto você

27

argumenta o destino dado pelo Estado aos milhões destinados, não deixe de indicar também o destino que o contribuinte teria dado, mas não pode dar agora, ao mesmo. Então você entenderá que uma empresa pública é uma moeda com dois lados. Em cima de um é impresso um trabalhador no trabalho, dessa maneira, isso que é visto; do outro, um trabalhador desempregado, dessa forma, aquilo que não é visto.

O sofisma que este trabalho pretende refutar é o mais perigoso quando aplicado a obras públicas, na medida em que serve para justificar os empreendimentos mais extravagantes e extravagantes. Quando uma ferrovia ou uma ponte são de utilidade real, basta mencionar essa utilidade. Mas se não existe, o que eles fazem? Recorre-se a esta mistificação: "Devemos encontrar trabalho para os operários".

Assim, são dadas ordens para que os drenos no Champ-de-Mars sejam feitos e desfeitos. Diz-se que o grande Napoleão pensou que estava fazendo um trabalho muito filantrópico, fazendo com que as valas fossem feitas e depois preenchidas. Ele disse, portanto: "O que significa o resultado? Tudo o que queremos é ver a riqueza se espalhar entre as classes trabalhadoras".

Mas vamos até a raiz da questão. Somos enganados pelo dinheiro. Exigir a cooperação de todos os cidadãos em um trabalho comum, na forma de dinheiro, é na realidade exigir uma concordância em espécie; porque cada um adquire, pelo seu próprio trabalho, a soma a que é tributado. Agora, se todos os cidadãos fossem chamados juntos e executassem, em conjunto, um trabalho útil para todos, isso seria facilmente compreendido; sua recompensa seria encontrada nos resultados do trabalho em si.

Mas depois de tê-los chamado juntos, se você forçá-los a construir estradas pelas quais ninguém passará, palácios que ninguém habitará, e isso sob o pretexto de encontrá-los trabalho, seria um absurdo, e eles teriam o direito de argumentar: "Com esse trabalho não temos nada a fazer; preferimos trabalhar por conta própria".

Um procedimento que consiste em fazer os cidadãos cooperarem na doação de dinheiro, mas não no trabalho, não altera de forma alguma os resultados gerais. A única coisa é que a perda reagiria a todas as partes. Os primeiros, aqueles que o Estado emprega, escapam da sua parte da perda, acrescentando-a àquilo que os seus concidadãos já sofreram.

Há um artigo em nossa constituição que diz: — "A sociedade favorece e encoraja o desenvolvimento do trabalho — pelo estabelecimento de obras públicas, pelo Estado, pelos departamentos e pelas paróquias, como meio de empregar pessoas que estão desempregadas"

Como medida temporária, em qualquer emergência, durante um inverno rigoroso, essa passagem pode até ter seu uso com os pagadores de impostos. Ela age da mesma maneira que as garantias. Não acrescenta nada ao trabalho nem aos salários, mas é preciso trabalho e salários de tempos normais para lhes dar, com prejuízo, é verdade, em tempos de dificuldade.

Como uma medida permanente, geral e sistemática, nada mais é do que uma mistificação ruinosa, uma impossibilidade, que mostra um trabalho pouco entusiasmado que é o que é visto, e impõe uma grande quantidade de trabalho impedido que não é visto.

Intermediários

A sociedade é o total dos serviços forçados ou voluntários que os homens realizam uns pelos outros; isto é, de serviços públicos e serviços privados.

A primeira, imposta e regulada pela lei, que nem sempre é fácil mudar, mesmo quando é desejável, pode sobreviver com sua própria utilidade e ainda preservar o nome de serviços públicos, mesmo quando eles não são mais serviços, mas sim aborrecimentos públicos. Estes últimos pertencem à esfera da vontade, da responsabilidade individual. Cada um dá e recebe o que deseja e o que pode, depois de uma negociação. Eles sempre têm noção da utilidade real, em proporção exata ao seu valor comparativo.

Essa é a razão pela qual a descrição anterior dos serviços tantas vezes se torna estacionária, enquanto a última obedece à lei do progresso.

Enquanto o desenvolvimento exagerado dos serviços públicos, pela perda de força que envolve, prende à sociedade uma bajulação fatal, é uma coisa singular que várias escolas modernas, atribuindo esse caráter a serviços gratuitos e privados, estejam se esforçando para transformar profissões em funções.

Essas escolas se opõem violentamente ao que chamam de intermediários. Eles alegremente reprimiriam o capitalista, o banqueiro, o especulador, o projetor, o comerciante e negociador, acusando-os de interpor entre produção e consumo, para extorquir de ambos, sem dar nada em troca. Ou melhor, transfeririam para o Estado o trabalho que realizam, pois esse trabalho não pode ser suprimido.

O sofisma dos socialistas neste ponto está mostrando ao público o que paga aos intermediários em troca de seus serviços, e ocultando dele o que é necessário ser pago ao Estado. Aqui está o conflito usual entre o que está diante de nossos olhos e o que é perceptível apenas à mente, entre o que é visto e o que não é visto.

Foi na época da escassez, em 1847, que as escolas socialistas tentaram e conseguiram popularizar sua teoria fatal. Eles sabiam muito bem que as noções mais absurdas sempre têm uma chance com as pessoas que estão sofrendo; *malesuada fames*.

Portanto, com a ajuda das belas palavras, "tráfico de homens por homens, especulação sobre fome, monopólio", eles começaram a enegrecer o comércio e lançar um véu sobre seus benefícios.

"O que pode ser o uso", dizem eles, "de deixar aos mercadores o cuidado de importar alimentos dos Estados Unidos e da Criméia? Por que o Estado, os departamentos e as cidades não organizam um serviço para provisões e uma revista para lojas? Eles venderiam a um preço de retorno, e as pessoas, pessoas pobres, seriam isentas do tributo que pagam para liberar, isto é, para o comércio egoísta, individual e anárquico ".

O tributo pago pelo povo ao comércio é o que é visto. O tributo que o povo pagaria ao Estado, ou a seus agentes, no sistema socialista, é o que não é visto.

Em que consiste esse tributo fingido, que o povo paga ao comércio, consiste? Nisto: que dois homens prestam um ao outro um serviço mútuo, em toda liberdade, e sob a pressão da competição e preços reduzidos.

Quando o estômago faminto está em Paris, e o milho que pode satisfazê-lo é em Odessa, o sofrimento não pode cessar até que o milho entre em contato com o estômago. Existem três meios pelos quais esse contato pode ser efetuado. 1º Os homens famintos podem ir buscar o milho. 2º Eles podem deixar essa tarefa para aqueles a cujos negócios ela pertence. 3ª Podem juntar-se e dar o cargo a funcionários públicos. Qual destes três métodos possui as maiores vantagens? Em todos os tempos, em todos os países, e quanto mais livres, esclarecidos e experientes são, os homens escolheram voluntariamente o segundo. Confesso que isso é suficiente, na minha opinião, para justificar essa escolha. Eu não posso acreditar que a humanidade, como um todo, está se enganando sobre um ponto que a toca tão perto. Mas vamos considerar o assunto.

Para trinta e seis milhões de cidadãos ir buscar o milho que eles querem de Odessa, é uma impossibilidade manifesta. O primeiro meio, então, vai para nada. Os consumidores não podem agir por si mesmos. Devem, necessariamente, recorrer a intermediários, funcionários ou agentes.

Mas observe que o primeiro desses três meios seria o mais natural. Na realidade, o homem faminto tem que buscar seu milho. É uma tarefa que diz respeito a si mesmo; um serviço devido a ele mesmo. Se outra pessoa, em qualquer terreno, realizar este serviço para ele, assume a tarefa para si, este último tem uma reivindicação sobre ele por uma compensação. Quero dizer com isso que os intermediários contêm em si o princípio da remuneração.

Seja como for, uma vez que devemos nos referir ao que os socialistas chamam de parasita, eu perguntaria qual dos dois é o parasita mais exigente, o comerciante ou o funcionário público?

Comércio (livre, é claro, caso contrário eu não poderia argumentar sobre isso), o comércio, eu digo, é conduzido por seus próprios interesses para estudar as estações, para dar declarações diárias do estado das plantações, para receber informações de todas as partes o mundo, para prever, tomar precauções antecipadamente. Tem embarcações sempre prontas, correspondentes em todo lugar; e é seu interesse imediato comprar ao menor preço possível, economizar em todos os detalhes de suas operações e obter os melhores resultados pelos menores esforços. Não são os mercadores franceses que estão ocupados em prover provisões para a França em tempos de necessidade, e se o interesse deles os leva irresistivelmente a realizar suas tarefas pelo menor custo possível, a competição que eles criam entre si os leva não menos irresistivelmente a fazer com que os consumidores participem dos lucros dessas economias realizadas. O milho chega; É para o interesse do comércio vendê-lo o mais rápido possível, para evitar riscos, para liquidar seus estoques e estar pronto novamente para a primeira oportunidade.

Direcionada pela comparação de preços, distribui alimentos por toda a superfície do país, começando sempre pelo preço mais alto, ou seja, onde a demanda é maior. É impossível imaginar uma organização mais completamente calculada para satisfazer o interesse daqueles que estão em falta; e a beleza dessa organização, não percebida pelos socialistas, resulta do próprio fato de ser livre. É verdade que o consumidor é obrigado a reembolsar o comércio pelas despesas de transporte, frete, almoxarifado, comissão, et;. mas pode-se conceber qualquer sistema, no qual aquele que come milho não é obrigado a custear as despesas, quaisquer que sejam, de trazê-lo ao seu alcance? A remuneração pelo serviço executado também deve ser paga: mas, no que diz respeito ao seu valor, este é reduzido para a menor soma possível pela concorrência; e quanto à sua justiça, seria muito estranho que os artesãos de Paris não trabalhassem para os mercadores de Marselha, quando os mercadores de Marselha trabalham para os artesãos de Paris.

Se, de acordo com a invenção socialista, o Estado estivesse no lugar do comércio, o que aconteceria? Eu gostaria de ser informado onde a poupança aconteceria para o público? Seria no preço da compra? Imagine os delegados de 40.000 paróquias chegando a Odessa em um determinado dia e no dia da necessidade; imagine o efeito sobre os preços. A poupança estaria nas despesas? Menos embarcações seriam necessárias, menos marinheiros, menos transportes, menos chalupas ou você estaria isento do pagamento de todas essas coisas? Estaria nos lucros dos mercadores? Seus funcionários iriam para Odessa por nada? Eles viajariam e trabalhariam no princípio da fraternidade? Eles não devem viver? Não devem ser pagos pelo seu tempo? E você acredita que essas despesas não excedam mil vezes os dois ou três por cento que o comerciante ganha, na taxa em que ele está pronto para tratar?

E então considere a dificuldade de cobrar tantos impostos e dividir tanta comida. Pense na injustiça, nos abusos inseparáveis para tal empreendimento. Pense na responsabilidade que pesaria sobre o governo.

Os socialistas que inventaram essas loucuras e que, nos dias de aflição, os introduziram nas mentes das massas, tomam para si literalmente o título de homens avançados; e não é sem algum perigo que o costume, aquele tirano de línguas, autorize o termo e o sentimento que ele envolve. Avançado! Isso supõe que esses senhores possam enxergar além das pessoas comuns; que sua única falha é que eles estão muito adiantados em relação à sua idade, e se ainda não chegou a hora de suprimir certos serviços gratuitos, pretensos parasitas, a culpa deve ser atribuída ao público, que está na parte de trás socialismo. Eu digo, da minha alma e da minha consciência, o reverso é a verdade; e eu não sei a que época bárbara devíamos voltar, se encontrássemos o nível de conhecimento socialista sobre esse assunto.

Esses sectários modernos se opõem incessantemente à associação à sociedade atual. Eles negligenciam o fato de que a sociedade, sob uma livre regulamentação, é uma associação verdadeira, muito superior a qualquer daquelas que procedem de sua imaginação fértil.

Deixe-me ilustrar isso por um exemplo. Antes que um homem, quando se levanta pela manhã, possa colocar um casaco, o chão deve ter sido fechado, quebrado, drenado, cultivado e semeado com um tipo particular de planta; os rebanhos devem ter sido alimentados e dado sua lã; essa lã deve ter sido fiada, tecida, tingida e transformada em pano; este pano deve ter sido cortado, costurado e transformado em uma roupa. E esta série de operações implica um número de outras; supõe o emprego de instrumentos para arar, etc., ovelhas, galpões, carvão, máquinas, carruagens, etc.

Se a sociedade não fosse uma associação perfeitamente real, uma pessoa que quisesse um casaco seria reduzida à necessidade de trabalhar em solidão; isto é, de realizar para si as inúmeras partes desta série, desde o primeiro golpe da picareta até o último ponto que conclui o trabalho. Mas, graças à sociabilidade que é o caráter distintivo de nossa raça, essas operações são distribuídas entre uma multidão de trabalhadores; e são subdivididos, para o bem comum, de modo que, à medida que o consumo se torna mais ativo, uma única operação é capaz de sustentar um novo comércio.

Depois vem a divisão dos lucros, que opera de acordo com o valor contingente que cada um trouxe para o trabalho inteiro. Se isso não é associação, gostaria de saber o que é.

Observe que, como nenhum desses obreiros obteve a menor partícula de matéria do nada, eles estão confinados a realizar um para o outro serviços mútuos e a ajudar-se mutuamente em um objeto comum, e que todos podem ser considerados, com respeito a outros, intermediários. Se, por exemplo, no curso da operação, o transporte se torna importante o suficiente para ocupar uma pessoa, a outra girando, a outra tecendo, por que a primeira deveria ser considerada um parasita mais do que as outras duas? O transporte deve ser feito, não deve? Não é ele quem o executa, dedica a ele seu tempo e problemas? E ao fazê-lo, ele não poupa o dos seus colegas? Estes fazem mais ou diferente disso para ele? Eles não são igualmente dependentes de remuneração, isto é, pela divisão do produto, pela lei do preço reduzido? Não é em toda a liberdade, para o bem comum, que esses arranjos são firmados? O que queremos com um socialista então, que, sob o pretexto de organizar para nós, vem despoticamente para romper nossos arranjos voluntários, para verificar a divisão do trabalho, para substituir esforços isolados por esforços combinados e para devolver a civilização? A associação, como eu descrevo aqui, é em si mesma menos associativa, porque cada um entra e sai livremente, escolhe seu lugar nela, julga e barganha por si mesmo sob sua própria responsabilidade, e traz consigo a fonte e garantia de interesse pessoal? Para que possa merecer esse nome, é necessário que um pretenso reformador venha e imponha sobre nós seu plano e sua vontade, e, por assim dizer, concentrar a humanidade em si mesmo?

Quanto mais examinamos essas escolas avançadas, mais nos convencemos de que há apenas uma coisa na raiz: a ignorância proclamando-se infalível e reivindicando o despotismo em nome dessa infalibilidade.

Espero que o leitor desculpe essa digressão. Pode não ser totalmente inútil, num momento em que as declamações, vindas de livros de São Simão, Falansterianos e Ícaros, invocam a imprensa e a tribuna, e que ameaçam seriamente a liberdade das transações trabalhistas e comerciais.

RESTRIÇÕES

Sr. Proibidor (não fui eu que lhe dei este nome, mas M. Charles Dupin) dedicou seu tempo e capital para converter o minério encontrado em sua terra em ferro. Como a natureza tinha sido mais pródiga em relação aos belgas, eles forneciam os franceses com ferro mais barato que Sr. Proibidor, o que significa que todos os franceses, ou a França, poderiam obter uma determinada quantidade de ferro com menos mão-de-obra comprando os dos honestos Flemings; portanto, guiados por seu próprio interesse, não deixavam de fazê-lo, e todos os dias podia-se ver uma infinidade de ferreiros, carpinteiros, maquinistas, ferradores e operários, indo eles mesmos, ou enviando intermediários, para suprir. na Bélgica. Isso desagradou Sr. Proibidor excessivamente.

A princípio, ocorreu-lhe pôr um fim a esse abuso por seus próprios esforços; era o mínimo que ele podia fazer, porque ele era o único sofredor. "Vou pegar minha carabina", disse ele; "Vou colocar quatro pistolas no meu cinto; vou encher minha caixa de cartuchos; vou cingir minha espada e, assim, me equipar à fronteira. Ali, o primeiro ferreiro, ferrador, mecânico ou serralheiro que se apresentar para fazer o seu próprio negócio e não o meu, eu o matarei, para ensiná-lo a viver". Quando começou a tomar postura, Sr. Proibidor fez algumas reflexões que acalmaram um pouco seu ardor guerreiro. Ele disse para si mesmo: "Em primeiro lugar, não é absolutamente impossível que os compradores de ferro, meus compatriotas e inimigos, levem a coisa a loucura e em vez de me deixarem matá-los, deveriam me matar em vez disso; mesmo que eu chamasse todos os meus servos, não poderíamos defender as passagens. Em resumo, esse procedimento me custaria muito caro, muito mais do que o resultado valeria a pena. "

Sr. Proibidor estava prestes a resignar-se a seu triste destino, o de ser tão livre quanto o resto do mundo, quando um raio de luz atravessou seu cérebro. Ele lembrou que em Paris há uma grande manufatura de leis. "O que é uma lei?" disse ele para si mesmo. "É uma medida para a qual, quando uma vez decretada, seja boa ou má, todo mundo é obrigado a conformar-se. Para a execução da mesma uma força pública é organizada e para constituir a dita força pública, homens e dinheiro são retirados da Nação. Se, então, eu conseguisse que a grande fábrica parisiense aprovasse uma pequena lei, "o ferro belga é proibido", eu deveria obter os seguintes resultados: O governo substituiria os poucos escudeiros que eu enviaria para a fronteira por 20.000 filhos daqueles ferreiros, fazendeiros, artesãos, maquinistas, serralheiros, operários. Então, para manter esses 20.000 oficiais de alfândega em saúde e bom humor, distribuiria entre eles 25.000.000 de francos , tirados desses ferreiros, artesãos e operários. Eles guardariam a fronteira muito melhor, não me custariam nada, eu não ficaria exposto à brutalidade dos corretores, venderia o ferro a meu próprio preço e teria a doce satisfação de ver nosso grande povo vergonhosamente mistificado. Isso os ensinaria a se proclamar perpetuamente os arautos e promotores do progresso na Europa. Oh! Isso seria uma piada capital e merecia ser testada".

Então Sr. Proibidor foi para a oficina de lei. Em outra ocasião, talvez, eu conte a história de seus negócios, mas agora vou apenas mencionar seus procedimentos visíveis. Ele trouxe a seguinte consideração perante a visão dos senhores legisladores:

"O ferro belga é vendido na França a dez francos, o que me obriga a vender o meu ao mesmo preço. Gostaria de vender aos quinze anos, mas não posso fazê-lo por causa desse ferro belga e que eu gostaria que estivesse no fundo do Mar Vermelho. Eu imploro que você faça uma lei que não mais ferro belga deve entrar na França. Imediatamente eu elevo meu preço cinco francos e estas são as conseqüências: "Para cada cem pesos de ferro que eu entregarei ao público, eu receberei quinze francos em vez de dez; Vou enriquecer mais rapidamente, estender meu tráfego e empregar mais operários. Meus operários e eu gastaremos muito mais livremente para o grande benefício de nossos comerciantes por quilômetros ao redor. Estes últimos, tendo mais gostos variados, fornecerão mais emprego para o comércio e a atividade em ambos os lados aumentará no país. Esta afortunada quantia de dinheiro, que você deixará cair na minha caixa forte, dará, como uma pedra lançada em um lago, um número infinito de círculos concêntricos. "

Encantado com o seu discurso, feliz por saber que é tão fácil promover, ao legislar, a prosperidade de um povo, os legisladores votaram a restrição. "Falando de trabalho e economia", eles disseram, "qual é o uso desses meios dolorosos de aumentar a riqueza nacional, quando tudo o que se quer para este objeto é um decreto?"

E, de fato, a lei produziu todas as conseqüências anunciadas por M. Prohibant; a única coisa era que produzia outros que ele não previra. Para fazer justiça a ele, seu raciocínio não era falso, mas apenas incompleto. Ao tentar obter um privilégio, ele tomou conhecimento dos efeitos vistos, deixando no fundo aqueles que não são vistos. Ele havia apontado apenas duas personagens, enquanto há três pessoas envolvidas no caso. Cabe a nós fornecer essa omissão involuntária ou premeditada.

É verdade que a peça-coroa, assim dirigida por lei para a caixa forte de Sr. Proibidor, é vantajosa para ele e para aqueles cujo trabalho seria encorajador; e se o ato fizesse com que a peça-coroa descesse da lua, esses bons efeitos não seriam contrabalançados por quaisquer males correspondentes. Infelizmente, o misterioso dinheiro não vem da lua, mas do bolso de um ferreiro, de um carpinteiro, de um ferrador, de um operário ou de um carpinteiro; em uma palavra, de James B., que dá agora sem receber um grão mais de ferro do que quando ele estava pagando dez francos. Assim, podemos ver de relance que isso altera muito o estado do caso; pois é muito evidente que o lucro de Sr. Proibidor é compensado pela perda de James B. e tudo que Sr. Proibidor pode fazer com a coroa, pelo encorajamento do trabalho nacional, James B. poderia ter feito ele mesmo. A pedra só foi lançada sobre uma parte do lago, porque a lei impediu que ela fosse lançada sobre outra.

Portanto, aquilo que não é visto substitui aquilo que é visto, e neste ponto resta, como resíduo da operação, uma injustiça e, infelizmente, uma injustiça perpetrada pela lei!

Isso não é tudo. Eu disse que há sempre uma terceira pessoa no fundo. Agora devo levá-lo adiante, para que ele nos revele uma segunda perda de cinco francos. Então teremos os resultados inteiros da transação.

James B. é o possuidor de quinze francos, fruto de seu trabalho. Ele agora está livre. O que ele faz com seus quinze francos? Ele adquire algum artigo de moda por dez francos, e com ele paga (ou o salário intermediário por ele) pelo cem-peso de ferro belga. Depois disso, ele tem cinco francos restantes. Ele não os joga no rio, mas (e isto é o que não é visto) ele os dá a algum comerciante em troca de algum prazer; para um livreiro, por exemplo, para "Discurso sobre a História Universal" de Bossuet.

Assim, no que diz respeito ao trabalho nacional, ele é incentivado ao montante de quinze francos, a saber: — dez francos para o artigo de Paris; cinco francos para o comércio de livrarias.

Quanto a James B., ele obtém para seus quinze francos duas gratificações, a saber:

1º Cem pesos de ferro.

2º Um livro.

O Decreto entra em vigor. Como isso afeta a condição de James B.? Como isso afeta o trabalho nacional?

James B. paga cada centavo de seus cinco francos para Sr. Proibidor e, portanto, é privado do prazer de um livro, ou de alguma outra coisa de igual valor. Ele perde cinco francos. Isso deve ser admitido; Não pode deixar de ser admitido que, quando a restrição eleva o preço das coisas, o consumidor perde a diferença.

Mas, então, diz-se, o trabalho nacional é o ganhador.

Não, não é o ganhador; pois, desde a Lei, ela não é mais encorajada do que antes, no valor de quinze francos.

A única coisa é que, desde a Lei, os quinze francos de James B. vão para o comércio de metais, enquanto, antes de entrar em vigor, eram divididos entre o chapeleiro e o livreiro.

A violência usada pelo Sr. Proibidor na fronteira, ou aquela que ele faz com que seja usada pela lei, pode ser julgada de maneira muito diferente em um ponto de vista moral. Algumas pessoas consideram que a pilhagem é perfeitamente justificável, se sancionada por lei. Mas, para mim, não consigo imaginar nada mais agravante. Seja como for, os resultados econômicos são os mesmos em ambos os casos.

Olhe para a coisa como quiser; mas se você for imparcial, verá que nada de bom pode resultar de pilhagem legal ou ilegal. Nós não negamos que ela conceda à Sr. Proibidor, ou ao seu comércio, ou, se preferir, à indústria nacional, um lucro de cinco francos. Mas afirmamos que causa duas perdas, uma para James B., que paga quinze francos, onde de outra forma pagaria dez; o outro para a indústria nacional, que não recebe a diferença. Faça a sua escolha dessas duas perdas e compense com ela o lucro que permitimos. O outro não será menos uma perda morta. Aqui está a moral: Tomar pela violência não é produzir, mas destruir. Verdadeiramente, se tomar pela violência estava produzindo, este país nosso seria um pouco mais rico que ele é.

MAQUINÁRIO

"Uma maldição sobre as máquinas! Todos os anos, seu poder crescente dedica milhões de trabalhadores ao pauperismo, privando-os de trabalho e, portanto, de salários e pão. Uma maldição sobre as máquinas!"

Este é o clamor que é levantado pelo preconceito vulgar e ecoado nos jornais.

Mas amaldiçoar máquinas é amaldiçoar o espírito da humanidade!

Confunde-me conceber como qualquer homem pode sentir alguma satisfação em tal doutrina.

Pois, se for verdade, qual é sua conseqüência inevitável? Que não há atividade, prosperidade, riqueza ou felicidade possíveis para qualquer pessoa, exceto para aqueles que são estúpidos e inertes, e a quem Deus não concedeu o dom fatal de saber pensar, observar, combinar, inventar e obter os melhores resultados com os menores meios. Pelo contrário, farrapos, cabanas, pobreza e inanição são o lote inevitável de toda nação que busca e encontra em ferro, fogo, vento, eletricidade, magnetismo, as leis da química e da mecânica, em uma palavra, os poderes. da natureza, uma assistência aos seus poderes naturais. Poderíamos também dizer com Rousseau: "Todo homem que pensa é um animal depravado".

Isso não é tudo; se essa doutrina é verdadeira, visto que todos os homens pensam e inventam, desde todos, do primeiro ao último, e em cada momento de sua existência, buscam a cooperação dos poderes da natureza, e tentam aproveitar ao máximo um pouco, reduzindo seja o trabalho de suas mãos, ou suas despesas, de modo a obter a maior quantia possível de gratificação com a menor quantidade possível de trabalho, deve seguir-se, como é natural, que toda a humanidade está correndo em direção ao seu declínio, pela mesma aspiração mental em direção ao progresso, que atormenta cada um de seus membros.

Por isso, deve-se dar a conhecer, pelas estatísticas, que os habitantes de Lancashire, abandonando aquela terra de máquinas, procuram trabalho na Irlanda, onde são desconhecidos; e, pela história, que a barbárie escurece as épocas da civilização e que a civilização brilha em tempos de ignorância e barbárie.

Há, evidentemente, nessa massa de contradições, algo que nos revolta e nos leva a suspeitar que o problema contém em si um elemento de solução que não foi suficientemente desvinculado.

Aqui está todo o mistério: atrás do que é visto, está algo que não é visto. Vou me esforçar para trazê-lo à luz. A demonstração que darei será apenas uma repetição da anterior, pois os problemas são um só e o mesmo.

Os homens têm uma propensão natural para fazer o melhor negócio possível, quando não impedidos por uma força oposta; isto é, eles gostam de obter o máximo que podem pelo seu trabalho, não importa se a vantagem é obtida de um produtor estrangeiro ou de um produtor mecânico habilidoso.

A objeção teórica que é feita a essa propensão é a mesma em ambos os casos. Em cada caso, é reprovado com a aparente inatividade que causa ao trabalho. Agora, o trabalho prestado disponível, não inativo, é exatamente o que determina isso. E, portanto, em ambos os casos, a mesma força obstáculo prática também se opõe a ela. O legislador proíbe a concorrência estrangeira e proíbe a competição mecânica. Por que outros meios podem existir para deter uma propensão que é natural a todos os homens, mas que os privam de sua liberdade?

Em muitos países, é verdade, o legislador ataca apenas uma dessas competições e limita-se a reclamar do outro. Isso só prova uma coisa, isto é, que o legislador é inconsistente.

Prejuízo da falsa premissa

Não precisamos nos surpreender com isso. Em um caminho errado, a inconsistência é inevitável; se não fosse assim, a humanidade seria sacrificada. Um falso princípio nunca foi e nunca será realizado até o fim.

Agora, para a nossa demonstração, que não será longa.

James B. tinha dois francos que ele ganhou com dois operários; mas ocorre-lhe que um arranjo de cordas e pesos poderia ser feito, o que diminuiria o trabalho pela metade. Assim, ele obtém a mesma vantagem, economiza um franco e libera um operário.

Ele desocupa um operário: isto é aquilo que é visto.

E vendo isso apenas, é dito: "Veja como a miséria atende à civilização; é assim que a liberdade é fatal para a igualdade. A mente humana fez uma conquista, e imediatamente um operário é lançado no abismo do pauperismo. James B. pode empregar os dois operários, mas então lhes dará apenas metade de seus salários, pois eles competirão entre si e se oferecerão pelo menor preço, de modo que os ricos estão sempre se tornando mais ricos e os pobres, mais pobres. " Uma conclusão muito boa e digna do preâmbulo.

Felizmente, o preâmbulo e a conclusão são ambos falsos, porque, por trás da metade do fenômeno visto, está a outra metade que não é vista.

O franco salvo por James B. não é visto, nem mais são os efeitos necessários dessa economia.

Como, em conseqüência de sua invenção, James B. gasta apenas um franco em mão-de-obra em busca de uma determinada vantagem, outro franco permanece para ele.

Se, então, existe no mundo um trabalhador com braços desempregados, há também no mundo um capitalista com um franco desempregado. Esses dois elementos se encontram e se combinam, e é tão claro quanto a luz do dia, que entre a oferta e a demanda do trabalho, e entre a oferta e a demanda de salários, a relação não é de modo algum alterada.

A invenção e o operário pagos com o primeiro franco, agora executam o trabalho que anteriormente era realizado por dois operários. O segundo operário, pago com o segundo franco, realiza um novo tipo de trabalho.

Qual é a mudança, então, que aconteceu? Uma vantagem nacional adicional foi obtida; em outras palavras, a invenção é um triunfo gratuito — um lucro gratuito para a humanidade.

Da forma que dei à minha demonstração, a seguinte inferência pode ser tirada: — "É o capitalista que colhe todas as vantagens da maquinaria. A classe trabalhadora, se sofre apenas temporariamente, nunca lucra com ela, já que, por sua própria exibição, eles deslocam uma parte do trabalho nacional, sem diminuí-lo, é verdade, mas também sem aumentá-lo ".

Não pretendo, neste pequeno tratado, responder a todas as objeções; O único fim que tenho em vista é combater um preconceito vulgar, amplamente difundido e perigoso. Eu quero provar, que uma nova máquina só causa a descarga de um certo número de mãos, quando a remuneração que lhes paga é abstraída pela força. Essas mãos e essa remuneração se combinariam para produzir o que era impossível produzir antes da invenção; daí resulta que o resultado final é um aumento de vantagens para igual trabalho.

Quem é o ganhador por essas vantagens adicionais?

Primeiro, é verdade, o capitalista, o inventor; o primeiro que consegue usar a máquina; e esta é a recompensa de seu gênio e sua coragem. Neste caso, como acabamos de ver, ele efetua uma economia na despesa de produção, que, de qualquer maneira, pode ser usada (e sempre é gasta), emprega exatamente o número de mãos que a máquina fez para ser dispensada.

Mas logo a concorrência o obriga a baixar seus preços proporcionalmente à própria poupança; e então não é mais o inventor que colhe o benefício da invenção — é o comprador do que é produzido, o consumidor, o público, incluindo os trabalhadores; em uma palavra, a humanidade.

E o que não é visto é que a poupança assim obtida para todos os consumidores cria um fundo de onde os salários podem ser fornecidos e que substitui aquilo que a máquina esgotou.

Assim, recorrendo ao exemplo mencionado, James B. obtém um lucro ao gastar dois francos em salários. Graças à sua invenção, o trabalho manual custa apenas um franco. Enquanto vender a coisa produzida pelo mesmo preço, ele emprega menos um operário para produzir essa coisa em particular, e é isso que se vê; mas há um operário adicional empregado pelo franco que James B. salvou. Isso é aquilo que não é visto.

Quando, pelo progresso natural das coisas, James B. é obrigado a baixar o preço da coisa produzida por um franco, então ele não realiza mais uma poupança; então ele não tem mais um franco para dispor, para conseguir para o trabalho nacional uma nova produção; mas então outro ganhador toma o seu lugar, e esse ganhador é a humanidade. Quem quer que compre a coisa que produziu, paga um franco a menos e necessariamente acrescenta essa poupança ao fundo dos salários; e isso, novamente, é o que não é visto.

Outra solução, fundada em fatos, foi dada deste problema de maquinaria.

Dizia-se que a maquinaria reduz a despesa de produção e reduz o preço da coisa produzida. A redução do lucro provoca um aumento do consumo, o que exige um aumento da produção e, finalmente, a introdução de tantos operários, ou mais, após a invenção, como eram necessários antes. Como prova disso, impressão, tecelagem, etc. são instanciados.

Esta demonstração não é científica. Isso nos levaria a concluir que, se o consumo da produção específica de que estamos falando permanecer parado, ou quase isso, o maquinário deve prejudicar o trabalho. Este não é o caso.

Suponha que em um determinado país todas as pessoas usassem chapéus; se, pelo maquinário, o preço pudesse ser reduzido pela metade, isso não significaria necessariamente que o consumo seria dobrado.

Você diria que, nesse caso, parte da mão-de-obra nacional estava paralisada? Sim, de acordo com a demonstração vulgar; mas, segundo o meu, não; pois, mesmo que não seja necessário comprar mais um único chapéu no país, todo o fundo de salários não seria o menos seguro. Aquilo que não chegava ao comércio de fabricação de chapéus teria sido destinado à economia realizada por todos os consumidores, e daí serviria para pagar todo o trabalho que a máquina tornará inútil, e para estimular um novo desenvolvimento de todos os comércios. E assim é que as coisas continuam. Eu sei que os jornais custam oitenta francos, agora pagamos quarenta e oito: aqui está uma poupança de trinta e dois francos para os assinantes. Não é certo, ou pelo menos necessário, que os trinta e dois francos devam seguir a direção do comércio de jornalistas; mas é certo, e também necessário, que, se não tomarem essa direção, tomarão outra. Um faz uso deles para receber mais jornais; outro, para melhorar a vida; outra roupa melhor; outro, melhor mobília. É assim que os negócios estão unidos. Eles formam um vasto todo, cujas diferentes partes se comunicam por canais secretos; o que é salvo por um, todos ganham. É muito importante para nós entendermos que as poupanças nunca ocorrem às custas do trabalho e das mercadorias.

CRÉDITO

Em todos os tempos, mas mais especialmente nos últimos anos, foram feitas tentativas para ampliar a riqueza pela ampliação do crédito.

Creio que não é exagero dizer que, desde a revolução de fevereiro, as editoras parisienses publicaram mais de 10 mil panfletos, clamando por essa solução do problema social. O único fundamento, infelizmente! desta solução, é um delírio ótico — se, de fato, um delírio ótico puder ser chamado de fundamento.

A primeira coisa a fazer é confundir dinheiro com produtos, depois papel-moeda com dinheiro; e destas duas confusões finge-se que uma realidade pode ser desenhada.

É absolutamente necessário nesta questão esquecer o dinheiro, a moeda, as contas e os outros instrumentos por meio dos quais as produções passam de mão em mão; nosso negócio é com as próprias produções, que são os objetos reais do empréstimo; porque quando um agricultor toma emprestados cinquenta francos para comprar um arado, não são, na realidade, os cinquenta francos que lhe são emprestados, mas o arado: e quando um comerciante toma emprestados 20.000 francos para comprar uma casa, não são os 20.000 francos que ele deve, mas a casa. O dinheiro só aparece para facilitar os arranjos entre as partes.

Pedro pode não estar disposto a emprestar seu arado, mas James pode estar disposto a emprestar seu dinheiro. O que William faz nesse caso? Ele toma emprestado dinheiro de James, e com esse dinheiro ele compra o arado de Pedro.

Mas, na verdade, ninguém pede dinheiro emprestado em benefício do próprio dinheiro; o dinheiro é apenas o meio pelo qual se obtém a posse de produções. Agora, é impossível em qualquer país transmitir de uma pessoa para outra mais produções do que aquele país contém.

Qualquer que seja a quantidade de dinheiro e de papel que esteja em circulação, todo o mutuário não pode receber mais arados, casas, ferramentas e suprimentos de matéria-prima, do que os credores podem fornecer; pois devemos ter cuidado para não esquecer que todo tomador de empréstimo supõe um emprestador e que o que uma vez foi emprestado implica um empréstimo.

Isto concedido, que vantagem existe em instituições de crédito? É que facilitam, entre tomadores e credores, os meios de encontrar e tratar uns com os outros; mas não está em seu poder causar um aumento instantâneo das coisas a serem emprestadas e tomadas por empréstimo. E, no entanto, eles devem ser capazes de fazê-lo, se o objetivo dos reformadores for ser alcançado, uma vez que eles aspiram a nada mais do que colocar arados, casas, ferramentas e provisões nas mãos de todos aqueles que os desejam.

E como eles pretendem efetuar isso?

Fazendo a segurança do Estado para o empréstimo.

Vamos tentar entender o assunto, pois ele contém algo que é visto e também algo que não é visto. Devemos nos esforçar para olhar para ambos.

Vamos supor que há apenas um arado no mundo e que dois agricultores se candidatam.

Pedro é o possuidor do único arado que se pode ter na França; João e James querem pegar emprestado. João, por sua honestidade, sua propriedade e boa reputação, oferece segurança. Ele inspira confiança; ele tem crédito. James inspira pouca ou nenhuma confiança. Acontece naturalmente que Pedro empresta seu arado a João.

Mas agora, de acordo com o plano socialista, o Estado interfere e diz a Pedro: "Empreste seu arado a James, eu serei segurança para o seu retorno, e essa segurança será melhor do que a de João, pois ele não tem ninguém a quem seja responsável por ele, mas por ele mesmo; e eu, embora seja verdade que nada tenho, disponha da fortuna dos contribuintes, e é com o dinheiro deles que, em caso de necessidade, eu lhe pagarei o principal e os juros. Conseqüentemente, Pedro empresta seu arado a James: isto é o que se vê.

E os socialistas esfregam as mãos e dizem: "Veja como o nosso plano respondeu bem. Graças à intervenção do Estado, o pobre James tem um arado. Ele não será mais obrigado a cavar o solo; ele está no caminho para fazer uma fortuna. É uma coisa boa para ele e uma vantagem para a nação como um todo ".

De fato, senhores, isso não é verdade; não é vantagem para a nação, pois há algo por trás do qual não é visto.

Não se vê que o arado está nas mãos de James, apenas porque não está nas mãos de João.

Não se vê que, se James cultivar em vez de cavar, João será reduzido à necessidade de escavar em vez de cultivar.

Que, consequentemente, o que foi considerado um aumento de empréstimo, nada mais é que um deslocamento de empréstimo. Além disso, não se vê que esse deslocamento implique dois atos de profunda injustiça.

É uma injustiça para João, que, depois de ter merecido e obtido crédito por sua honestidade e atividade, vê-se roubado dele.

É uma injustiça para os contribuintes, que são obrigados a pagar uma dívida que não é do interesse deles.

Alguém dirá que o governo oferece as mesmas facilidades para João assim como oferece a James? Mas como há apenas um arado para ser emprestado, dois não podem ser emprestados. O argumento sustenta sempre que, graças à intervenção do Estado, mais serão pegos emprestados do que coisas a serem emprestadas; o arado representa aqui uma grande porção de capitais disponíveis.

É verdade que reduzi a operação à expressão mais simples dela, mas se você submeter as mais complicadas instituições governamentais de crédito ao mesmo teste, ficará convencido de que elas podem ter, mas em resultado; a saber, deslocar o crédito, não aumentá-lo. Em um país, e em um dado momento, existe apenas uma certa quantidade de capital disponível, e todos são empregados. Ao garantir os não pagadores, o Estado pode, de fato, aumentar o número de devedores, e assim aumentar a taxa de juros (sempre em prejuízo do contribuinte), mas não tem poder para aumentar o número de credores, e a importância do total dos empréstimos.

Há uma conclusão, no entanto, que não por este mundo seria suspeito de desenhar. Eu digo, que a lei não deve favorecer, artificialmente, o poder de tomar emprestado, mas não digo que não deva restringi-los artificialmente. Se, no nosso sistema de hipoteca, ou em qualquer outro, houver obstáculos à difusão da aplicação do crédito, deixe-se livrar deles; nada pode ser melhor ou mais do que isso. Mas isso é tudo o que é consistente com a liberdade, e é tudo o que qualquer um que seja digno do nome de reformadores perguntará.

ARGÉLIA

Aqui estão quatro oradores disputando a plataforma. Primeiro, todos os quatro falam de uma só vez; então eles falam um após o outro. O que eles disseram? Algumas coisas muito boas, certamente, sobre o poder e a grandeza da França; sobre a necessidade de semear, se quiséssemos colher; sobre o futuro brilhante da nossa gigantesca colônia; sobre a vantagem de desviar para longe o excedente de nossa população. Magníficas peças de eloquência, e sempre adornadas com esta conclusão: — "Destine cinquenta milhões, mais ou menos, para fazer portos e estradas na Argélia; para enviar emigrantes para cá; para construir casas e desmoronar a terra. Ao fazê-lo, você aliviará o trabalhador francês, incentivará o trabalho Africano, e dará um estímulo para o comércio de Marselha. Seria rentável em todos os sentidos ".

Sim, é tudo muito verdadeiro, se você não levar em conta os cinquenta milhões até o momento em que o Estado começa a gastá-los; se você só vê onde eles vão, e não de onde eles vêm; se você olhar apenas para o bem que eles devem fazer quando saírem da bolsa do coletor de impostos, e não para o dano que foi feito, e o bem que foi impedido, colocando-os nele. Sim, neste ponto de vista limitado, tudo é lucro. A casa que é construída em Berbéria é aquela que é vista; o porto feito em Berbéria é o que é visto; o trabalho causado em Berbéria é o que é visto; algumas mãos a menos na França são o que se vê; uma grande agitação com mercadorias em Marselha ainda é o que é visto.

Mas, além de tudo isso, há algo que não é visto. Os cinquenta milhões gastos pelo Estado não podem ser gastos, como teriam sido, pelos pagadores de impostos. É necessário deduzir, de todo o bem atribuído às despesas públicas que foram efetuadas, todo o dano causado pela prevenção de despesas privadas, a menos que digamos que James B. não teria feito nada com a coroa que ele havia ganho, e de que o imposto o privou; uma afirmação absurda, pois se ele se desse ao trabalho de obtê-la, era porque esperava a satisfação de usá-la, Ele teria consertado as cercas de seu jardim, o que ele não pode fazer agora, e isso é aquilo que não é visto. Ele teria adubado seu campo, que agora ele não pode fazer, e isso é o que não é visto. Ele teria acrescentado outro livro à sua estante, que ele não pode fazer agora, e isso é o que não é visto. Ele poderia ter aumentado o número de suas ferramentas, o que ele não pode fazer agora, e isso é o que não é visto. Ele teria sido mais bem alimentado, melhor vestido, teria dado uma educação melhor a seus filhos e aumentado a porção matrimonial de sua filha; isso é o que não é visto. Ele teria se tornado um membro da Sociedade de Assistência Mútua, mas agora ele não pode; isso é o que não é visto. De um lado, os prazeres dos quais ele foi privado e os meios de ação que foram destruídos em suas mãos; por outro lado, o trabalho do drenador, do carpinteiro, do ferreiro, do alfaiate, do professor da escola de aldeia, que ele teria encorajado e que agora estão impedidos — tudo isso é o que não se vê.

Muito se espera da futura prosperidade da Argélia; seja assim. Mas o dreno a que a França está sendo submetida não deve ser mantido totalmente fora de vista. O comércio de Marselha é apontado para mim; mas se isso for feito por meio de impostos, sempre mostrarei que um comércio igual é destruído por meio disso em outras partes do país. Diz-se: "Há um emigrante transportado para Berbéria; isso é um alívio para a população que permanece no país". Eu respondo: "Como pode ser, se, ao transportar este emigrante para Argel, você também transporta duas ou três vezes a capital que teria servido para mantê-lo na França?"

O Ministro da Guerra afirmou recentemente que todo indivíduo transportado para a Argélia custou ao Estado 8.000 francos. Agora é certo que essas pobres criaturas poderiam ter vivido muito bem na França, numa capital de 4.000 francos. Pergunto, como a população francesa é aliviada, quando é privada de um homem e dos meios de subsistência de dois homens?

O único objetivo que tenho em vista é tornar evidente para o leitor que, em todo gasto público, por trás do aparente benefício, existe um mal que não é tão fácil discernir. Tanto quanto em mim, eu faria que ele aprendesse a ver ambos e a levar em conta ambos.

Quando uma despesa pública é proposta, ela deve ser examinada em si mesma, separadamente do pretenso encorajamento do trabalho que dela resulta, pois esse encorajamento é uma ilusão. O que quer que seja feito dessa maneira, às custas do público, a despesa privada teria feito o mesmo; portanto, o interesse do trabalho está sempre fora de questão.

Não é objeto deste tratado criticar o mérito intrínseco do gasto público aplicado à Argélia, mas não posso negar uma observação geral. É que a presunção é sempre desfavorável às despesas coletivas por meio de impostos. Por quê? Por este motivo: — Primeiro, a justiça sempre sofre em algum grau. Uma vez que James B. havia trabalhado para obter sua coroa, na esperança de receber uma gratificação disso, é de se lamentar que o Ministério das Finanças deva se interpor e tirar de James B. essa gratificação, concedê-la a outra. Certamente, cabe ao Tesouro, ou àqueles que o regulamentam, dar boas razões para isso. Mostrou-se que o Estado provoca muito quando diz: "Com esta coroa empregarei operários"; para James B. (assim que ele o vir), certamente responderá: "Tudo está muito bem, mas com essa coroa eu poderia empregá-los eu mesmo".

Além dessa razão, outros se apresentam sem disfarce, pelo que o debate entre o Ministério das Finanças e o pobre James se torna muito simplificado. Se o Estado lhe disser: "Eu tomo sua coroa para pagar a guarda, que lhe poupa o trabalho de prover sua própria segurança pessoal; para pavimentar a rua pela qual você passa todos os dias; para pagar o magistrado que valida sua propriedade e sua liberdade de ser respeitado, para manter o soldado que mantém nossas fronteiras, "- James B., a menos que eu esteja muito enganado, pagará por tudo isso sem hesitação. Mas se o Estado disser a ele, eu levo esta coroa para que eu possa lhe dar um pequeno prêmio, caso você cultive bem o seu campo; ou que eu possa ensinar ao seu filho algo que você não deseja que ele aprenda; ou que o ministro pode acrescentar outro prato à mesa no jantar; eu levo para construir uma cabana na Argélia, em cada caso eu devo tomar outra moeda a cada ano para manter um emigrante, e outra centena para manter um soldado para guardar este emigrante, e outra coroa para manter um general para guardar este soldado. — Acho que ouvi o pobre James exclamar:" Este sistema de lei é muito parecido com um sistema de trapaça! "O Estado prevê a objeção, e o que ele faz? Juntam todas as coisas, e apresenta apenas aquela razão provocadora que não deve ter nada a ver com a questão, fala do efeito desta coroa sobre o trabalho, aponta para o cozinheiro e o provedor do ministro, mostra um emigrante, um soldado e um general que vive da coroa, mostra, de fato, o que é visto, e se James B. não aprendeu a levar em conta o que não é visto, James B. será enganado e é por isso que eu quero gravar em sua mente, repetindo-o repetidas vezes.

Como as despesas públicas deslocam o trabalho sem aumentá-lo, uma segunda presunção séria se apresenta contra elas. Deslocar o trabalho é deslocar trabalhadores e perturbar as leis naturais que regulam a distribuição da população pelo país. Se 50.000.000 fr. são permitidos permanecer na posse dos contribuintes, desde que os contribuintes estão em toda parte, incentivam o trabalho nas 40.000 paróquias na França. Eles agem como um laço natural, que mantém cada um em seu solo nativo;

eles se distribuem entre todos os trabalhadores e ofícios imagináveis. Se o Estado, por retirar esses 50.000.000 fr. dos cidadãos, acumula-os e gasta-os em determinado ponto, atrai até este ponto uma quantidade proporcional de mão-de-obra deslocada, um número correspondente de trabalhadores, pertencentes a outras partes; uma população flutuante, que está fora de seu lugar e, arrisco-me a dizer, perigosa quando o fundo se esgota. Ora, aqui está a consequência (e isso confirma tudo o que eu disse): essa atividade febril é, por assim dizer, forçada a entrar em um espaço estreito; atrai a atenção de todos; é o que é visto. As pessoas aplaudem; eles ficam surpresos com a beleza e a facilidade do plano e esperam que ele continue e se estenda. O que eles não vêem é que uma quantidade igual de trabalho, que provavelmente seria mais valiosa, foi paralisada sobre o resto da França.

Simplicidade e Luxúria

Não é apenas nos gastos públicos que o que é visto ofusca o que não é visto. Deixando de lado o que se relaciona com a economia política, esse fenômeno leva a um raciocínio falso. Faz com que as nações considerem seus interesses morais e materiais como contraditórios entre si. O que pode ser mais desanimador ou mais deprimente?

Por exemplo, não há um pai de família que não pense ser seu dever ensinar aos filhos ordem, sistema, hábitos de cuidado, economia e moderação em gastar dinheiro.

Não há religião que não troveja pompa e luxo. Isto é como deveria ser; mas, por outro lado, com que freqüência ouvimos as seguintes observações:

"Acumular, é drenar as veias das pessoas."

"O luxo do grande é o conforto do pequeno."

"Os pródigos se arruinam, mas enriquecem o Estado".

"É a superficialidade dos ricos que faz pão para os pobres."

Aqui, certamente, há uma contradição impressionante entre a ideia moral e a social.

Quantos espíritos eminentes, depois de fazer a afirmação, repousam em paz. É algo que nunca consegui entender, pois parece-me que nada pode ser mais angustiante do que descobrir duas tendências opostas na humanidade. Ora, trata-se de degradação em cada um dos extremos: a economia leva à miséria; A prodigalidade mergulha na degradação moral. Felizmente, essas máximas vulgares exibem economia e luxo em uma falsa luz, levando em conta, como eles, as conseqüências imediatas que são vistas, e não as remotas, que não são vistas. Vamos ver se podemos corrigir essa visão incompleta do caso.

Mondor e seu irmão Aristus, depois de dividir a herança paterna, têm cada um uma renda de 50.000 francos. Mondor pratica a filantropia da moda. Ele é o que é chamado de gastador de dinheiro. Ele renova seus móveis várias vezes por ano; muda suas equipagens todos os meses. As pessoas falam de seus engenhosos artifícios para trazê-los mais cedo a um fim: em suma, ele supera os fígados rápidos de Balzac e Alexandre Dumas.

Assim, todo mundo está cantando seus louvores. É, "Conte-nos sobre Mondor? Mondor para sempre! Ele é o benfeitor do trabalhador; uma bênção para o povo. É verdade, ele se deleita em dissipação; ele espirra nos transeuntes; sua própria dignidade é baixa, mas e daí? Ele faz bem com sua fortuna, se não consigo mesmo, faz circular o dinheiro; ele sempre manda os comerciantes embora satisfeitos. Não se faz dinheiro para circular? "

Aristus adotou um plano de vida muito diferente. Se ele não é um egoísta, ele é, de qualquer forma, um individualista, pois ele considera a despesa, busca apenas prazeres moderados e razoáveis, pensa nas perspectivas de seus filhos e, na verdade, economiza.

E o que as pessoas dizem dele? "O que é o bem de um sujeito rico como ele? Ele é um pão-duro. Há algo imponente, talvez, na simplicidade de sua vida; e ele é humano também, benevolente e generoso, mas calcula. Ele faz não gasta sua renda, sua casa não é brilhante nem agitada. Que bem faz aos cabides de papel, aos fabricantes de carruagens, aos traficantes de cavalos e aos confeiteiros?

Essas opiniões, que são fatais para a moralidade, baseiam-se no que chama a atenção: — o gasto do pródigo; e outro, que está fora de vista, o gasto igual e até superior do economista.

Mas as coisas foram tão admiravelmente arranjadas pelo inventor divino da ordem social, que neste, como em tudo o mais, a economia política e a moralidade, longe de se chocarem, concordam; e a sabedoria de Aristus não é apenas mais digna, mas ainda mais lucrativa do que a loucura de Mondor. E quando digo rentável, não quero dizer apenas lucrativo para Aristus, ou mesmo para a sociedade em geral, mas mais lucrativo para os próprios trabalhadores — para o comércio da época.

Para provar isso, é necessário apenas voltar os olhos da mente para as consequências ocultas das ações humanas, que o olho do corpo não vê.

Sim, a prodigalidade de Mondor tem efeitos visíveis em todos os pontos de vista. Todo mundo pode ver suas carruagens, seus landaus, phaetons e berlins, as delicadas pinturas em seus tetos, seus ricos tapetes, os brilhantes efeitos de sua casa. Todos sabem que seus cavalos correm sobre o território. Os jantares que ele dá no Hotel de Paris atraem a atenção das multidões nos Boulevards; e é dito: "Esse é um homem generoso; longe de salvar sua renda, é muito provável que invista em seu capital". Isso é o que é visto.

Não é fácil ver, no que diz respeito ao interesse dos trabalhadores, o que acontece com a renda de Aristóteles. Se o traçássemos com cuidado, entretanto, deveríamos ver que o todo, até o último centavo, dá trabalho aos operários, tão certamente quanto a fortuna de Mondor. Só existe essa diferença: a extravagância desmedida de Mondor está fadada a diminuir constantemente e a chegar ao fim sem falta; enquanto o gasto sábio de Aristus continuará aumentando de ano para ano. E se este for o caso, então, certamente, o interesse público estará em uníssono com a moralidade.

Aristus gasta em si e em sua casa 20.000 francos por ano. Se isso não for suficiente para satisfazê-lo, ele não merece ser chamado de homem sábio. Ele é tocado pelas misérias que oprimem as classes mais pobres; ele acha que está preso em consciência para lhes dar algum alívio e, portanto, dedica 10.000 francos a atos de benevolência. Entre os mercadores, os fabricantes e os agricultores, ele tem amigos que sofrem dificuldades temporárias; ele se torna familiarizado com a situação deles, para ajudá-los com prudência e eficiência, e para esse trabalho ele dedica mais 10.000 francos. Então ele não esquece que ele tem filhas para a porção, e filhos para cujas perspectivas é seu dever prover, e então ele considera um dever depositar e gastar 10 mil francos a cada ano.

A seguir, uma lista de suas despesas:

1. Despesas pessoais 20.000 fr.
2. Filantropia 10.000 fr.
3. Empréstimos a amigos 10.000 fr.
4. Poupança 10.000 fr.

Vamos examinar cada um desses itens, e veremos que nem um único quinto escapa ao trabalho nacional.

1º Despesas pessoais. — Estes, no que diz respeito aos trabalhadores e comerciantes, têm precisamente o mesmo efeito que uma quantia equivalente gasta por Mondor. Isso é evidente, portanto, não devemos dizer mais nada sobre isso.

2º Filantropia. — Os 10.000 francos dedicados a esse propósito beneficiam o comércio em igual grau; eles alcançam o açougueiro, o padeiro, o alfaiate e o carpinteiro. A única coisa é que o pão, a carne e as roupas não são usadas por Aristus, mas por aqueles a quem ele fez seus substitutos. Agora, essa simples substituição de um consumidor por outro não afeta de maneira alguma o comércio em geral. É tudo um, se Aristus gasta uma coroa, ou deseja que alguma pessoa desafortunada a gaste em seu lugar.

3ª Empréstimos a amigos. — O amigo a quem Aristus empresta ou dá 10.000 francos, não os recebe para enterrá-los; isso seria contra a hipótese. Ele os usa para pagar por bens ou para quitar dívidas. No primeiro caso, o comércio é incentivado. Será que alguém fingirá dizer que ganha mais com a compra de um cavalo minucioso por 10 mil francos de Mondor, do que com a compra de 10 mil francos de Aristus ou seu amigo? Pois, se essa soma serve para pagar uma dívida, uma terceira pessoa aparece,a saber. o credor, que certamente os empregará em alguma coisa em seu ofício, em sua casa ou em sua fazenda. Ele forma outro meio entre Aristus e os operários. Os nomes só são alterados, a despesa permanece e também o incentivo ao comércio.

4º Poupança. — Restam agora os 10.000 francos salvos; e é aqui, no que diz respeito ao encorajamento às artes, ao comércio, ao trabalho e aos operários, que Mondor parece muito superior a Aristus, embora, em um ponto de vista moral, Aristus se mostre, em algum grau, superior a Mondor. .

Eu nunca posso olhar para essas aparentes contradições entre as grandes leis da natureza, sem um sentimento de inquietação física que equivale a sofrimento. Se a humanidade fosse reduzida à necessidade de escolher entre duas partes, uma das quais prejudica seu interesse, e a outra sua consciência, não deveríamos ter nada a esperar do futuro. Felizmente, esse não é o caso; e para ver Aristus recuperar sua superioridade econômica, bem como sua superioridade moral, é suficiente entender essa máxima consoladora, que não é menos verdadeira de ter uma aparência paradoxal: "Economizar é gastar".

Qual é o objetivo de Aristus em economizar 10 mil francos? É enterrá-los em seu jardim? Não, certamente; ele pretende aumentar seu capital e sua renda; consequentemente, esse dinheiro, em vez de ser empregado por sua própria gratificação pessoal, é usado para comprar terras, uma casa, ou é colocado nas mãos de um comerciante ou banqueiro. Acompanhe o progresso desse dinheiro em qualquer um desses casos, e você ficará convencido de que, por intermédio de vendedores ou credores, está encorajando o trabalho tão certamente quanto se Aristus, seguindo o exemplo de seu irmão, o tivesse trocado por móveis, jóias e cavalos.

Pois quando Aristus compra terras ou aluga 10 mil francos, ele é determinado pela consideração de que não quer gastar esse dinheiro. É por isso que você reclama dele.

Mas, ao mesmo tempo, o homem que vende a terra ou o aluguel é determinado pela consideração de que ele quer gastar os 10 mil francos de alguma forma; para que o dinheiro seja gasto em qualquer caso, seja por Aristus ou por outros em seu lugar.

No que diz respeito à classe trabalhadora, ao encorajamento do trabalho, há apenas uma diferença entre a conduta de Aristus e a de Mondor. Mondor gasta o dinheiro sozinho e, portanto, o efeito é visto. Aristus, gastando-o em parte através de intermediários e à distância, o efeito não é visto. Mas, na verdade, aqueles que sabem atribuir efeitos às suas causas próprias perceberão que o que não é visto é tão certo quanto o que é visto. Isso é provado pelo fato de que, em ambos os casos, o dinheiro circula, e não está na caixa de ferro do shopping, mais do que o do gastador. Portanto, é falso dizer que a economia causa danos reais ao comércio; como descrito acima, é igualmente benéfico com luxo.

Mas até que ponto é superior se, em vez de limitar nossos pensamentos ao momento presente, nós os deixamos abraçar um período mais longo!

Dez anos se passam. O que aconteceu com Mondor e sua fortuna e sua grande popularidade? Mondor está arruinado. Em vez de gastar 60.000 francos por ano no corpo social, ele é, talvez, um fardo para isso. De qualquer forma, ele não é mais o deleite dos lojistas; ele não é mais o patrono das artes e do comércio; ele não tem mais utilidade para os operários, nem seus sucessores, a quem ele trouxe a desejar.

No final dos mesmos dez anos, Aristus não só continua a lançar sua renda em circulação, mas acrescenta uma quantia crescente de ano para ano às suas despesas. Ele amplia o capital nacional, isto é, o fundo que fornece os salários, e como depende da extensão desse fundo que a demanda por mãos depende, ele ajuda a aumentar progressivamente a remuneração da classe trabalhadora; e se ele morrer, deixa as crianças que ele ensinou para sucedê-lo nesta obra de progresso e civilização.

De um ponto de vista moral, a superioridade da frugalidade sobre o luxo é indiscutível. É consolador pensar que é assim na economia política, para todo aquele que, não confinando suas visões aos efeitos imediatos dos fenômenos, sabe como estender suas investigações a seus efeitos finais.

Direito Ao Trabalho, Direito Ao Lucro

"Irmãos, vocês devem se unir para me encontrar um trabalho a seu próprio preço." Este é o direito de trabalhar; isto é, socialismo elementar de primeiro grau.

"Irmãos, vocês devem se unir para me encontrar um trabalho a meu próprio preço." Este é o direito de lucrar; ou seja, socialismo refinado ou socialismo de segundo grau.

Ambos vivem de acordo com seus efeitos como são vistos. Eles vão morrer por meio daqueles efeitos que não são vistos.

Aquilo que é visto é o trabalho e o lucro animados pela combinação social. Aquilo que não é visto, é o trabalho e o lucro a que esta mesma combinação daria origem, se fosse deixada aos contribuintes.

Em 1848, o direito de trabalhar por um momento mostrou duas faces. Isso foi suficiente para arruiná-lo na opinião pública.

Um desses rostos foi chamado de workshops nacionais. O outro quarenta e cinco centavos. Milhões de francos iam diariamente da Rue Rivoli para as oficinas nacionais. Este foi o lado justo da medalha.

E isso é o contrário. Se milhões forem retirados de uma caixa de dinheiro, eles devem primeiro ter sido colocados nela. É por isso que os organizadores do direito ao trabalho público se aplicam aos pagadores de impostos.

Agora, os camponeses diziam: "Tenho de pagar quarenta e cinco centavos; depois devo privar-me de algumas roupas. Não posso adubar meu campo; não posso consertar minha casa".

E os trabalhadores do campo disseram: "Como o nosso povo se priva da mesma roupa, haverá menos trabalho para o alfaiate; como ele não melhora o seu campo, haverá menos trabalho para o dreinador; como ele não conserta a sua casa, haverá menos trabalho para o carpinteiro e o pedreiro. "

Foi então provado que dois tipos de refeição não podem sair de um saco, e que o trabalho fornecido pelo Governo foi feito à custa do trabalho, pago pelo contribuinte. Esta foi a morte do direito ao trabalho, que se mostrou tanto uma quimera quanto uma injustiça. E, no entanto, o direito ao lucro, que é apenas um exagero do direito ao trabalho, ainda está vivo e florescente.

Não deveria o protecionista envergonhar-se pela parte que faria a sociedade pagar?

Ele diz: "Você deve me dar trabalho, e, mais do que isso, um trabalho lucrativo. Eu tolamente fixei um negócio pelo qual eu perdi dez por cento. Se você impuser um imposto de vinte francos sobre meus compatriotas, e dar para mim, eu serei um ganhador em vez de um perdedor. Agora, o lucro é meu direito, você deve isso a mim." Agora, qualquer sociedade que ouça este sofista, se sobrecarregar com impostos para satisfazer-se, e não percebe que a perda à qual qualquer negócio é exposto não é menos uma perda quando outros são forçados a compensar isso, tal sociedade, eu digo, mereceria o fardo infligido a ela?

Assim, aprendemos, pelos numerosos assuntos que tratei, que ser ignorante em economia política é deixar-se ofuscar pelo efeito imediato de um fenômeno; estar familiarizado com isso é abraçar no pensamento e na premeditação todos os efeitos seguintes.

Eu poderia submeter uma série de outras perguntas para o mesmo teste; mas recuo da monotonia de uma demonstração constantemente uniforme, e concluo aplicando à economia política o que Chateaubriand diz da história:

"Há", diz ele, "duas consequências na história: uma imediata, que é instantaneamente reconhecida, e outra à distância, que não é percebida inicialmente. Essas consequências muitas vezes se contradizem; as primeiras são os resultados de nossa própria sabedoria limitada, a última, aquela da sabedoria que perdura. O evento providencial aparece após o evento humano. Deus se ergue atrás dos homens. Negue, se você quiser, o supremo conselho; renegue sua ação; disputa sobre as palavras; designe, pelo termo, força das circunstâncias, ou razão, o que o vulgar chama de Providência, mas olhe para o fim de um fato consumado, e você verá que sempre produziu o contrário do que se esperava dele, se não estivesse estabelecido em primeiro sobre a moralidade e a justiça ".

(Chateaubriand. Memórias póstumas.)